COME ANALIZZARE LE PERSONE

Tecniche e segreti dell'FBI per decodificare le espressioni delle persone, disinnescare i bugiardi, e leggere la mente della gente come un'agente segreto

---

Di

Edoardo Beltrame

INDICE:

riconoscono che il parere dell'autore non è da sostituirsi a quello legale, finanziario, medico o professionale.

1. Introduzione

1.1 C'è sempre una comunicazione non verbale

Questo libro si basa su una convinzione molto semplice.

Una convinzione di certo non pensata da me per primo, ma ormai studiata da tantissimo tempo e dotata di solide basi scientifiche.

Dietro ad una comunicazione verbale, vi è sempre e in ogni caso anche una comunicazione non verbale.

Quando si ha a che fare con un'altra persona, discutendo di un argomento in amicizia oppure intavolando una trattativa di lavoro, è inevitabile che si emettano e si ricevano, più o meno consapevolmente, dei segnali tramite il corpo, tramite lo sguardo o tramite i gesti.

L'insieme di questi comportamenti viene definito comunicazione non verbale, ovvero, come intuibile dal nome e come ormai si sarà capito dopo questa breve introduzione, un tipo di comunicazione che va oltre le semplici parole che una persona può o non può pronunciare.

Possiamo addentrarci ancora di più in questo discorso avanzando una seconda ipotesi, anche questa ormai globalmente accettata dagli esperti.

Il linguaggio del corpo difficilmente mente.

Sono pochissime le persone in grado di controllare con costanza e lucidità i propri comportamenti e, anche nel caso in cui si abbia studiato attentamente e a lungo le tecniche di comunicazione non verbale, rimarrà comunque impossibile evitare di comunicare alcuni micro-segnali, i quali, tra l'altro, non possono evitare di non mentire.

Il problema risiede più che altro in chi ascolta.

Sono pochissime le persone che sanno realmente decifrare questi segnali, sono invece molte di più quelle che sostengono erroneamente di saperlo fare.

Saper leggere i segnali che un individuo, più o meno consciamente, emette a livello non verbale costituisce quindi il miglior modo, se non l'unico efficace, per capire e analizzare le persone.

Ecco che allora la comunicazione non verbale si rivela un fattore importantissimo nelle relazioni sociali e lavorative, che, se padroneggiato alla perfezione, sarà in grado di darti incredibili vantaggi comunicativi sui tuoi interlocutori.

1.2 Perché studiare la comunicazione non verbale

A questo punto non bisogna però illudersi che tramite la comunicazione non verbale sia possibile leggere nella mente dei propri interlocutori come se fosse un libro aperto, o in alternativa manipolarli come fossero delle semplici marionette di legno.

Tuttavia, è indubbio che padroneggiare queste tecniche possa aiutare in molti contesti.

Ho selezionato due motivi, i più importanti secondo la mia opinione, per cui vale la pena informarsi e studiare le tecniche di comunicazione non verbale.

Al primo posto troviamo ovviamente l'analizzare i propri interlocutori, il che non è altro che il vero fine ultimo di questo libro.

Imparando ad interpretare un certo tipo di segnali, riuscirai a comprendere con maggiore facilità i pensieri di chi ti sta di fronte.

In questo modo otterrai un vantaggio a livello comunicativo, avendo l'opportunità, ad esempio, di cambiare i binari della discussione nel caso comprendessi che un argomento sia causa di astio o di disinteresse, oppure continuando su una determinata strada nel caso rilevassi segnali di interesse nel tuo interlocutore.

Ma non è questo l'unico motivo per cui è importante studiare la comunicazione non verbale.

Conoscere le tecniche di comunicazione non verbale è essenziale anche per migliorare la propria comunicazione.

Ovviamente, come detto poco sopra, non sarà mai possibile controllare con estrema precisione tutte le sfumature della tua espressione facciale o i gesti più involontari, ma conoscendo tutte le tecniche più comuni e diffuse per leggere il linguaggio del corpo, ti sarà possibile utilizzarle a tuo favore nel momento in cui vorrai far capire un qualcosa o innestare un'idea nella mente dei tuoi interlocutori senza utilizzare le parole.

Studiare le tecniche della comunicazione non verbale e la loro analisi, ti renderà semplicemente un comunicatore migliore.

1.3 Le tre funzioni della comunicazione non verbale

Prima di proseguire, è necessario capire il perché dell'esistenza della comunicazione non verbale.

Senza saper il fine dei comportamenti che caratterizzano questo tipo di comunicazione sarà di fatto impossibile avere successo in una loro interpretazione.

La maggior parte degli esperti di comunicazione non verbale è d'accordo nel raggruppare tutti i segnali in tre funzioni più generiche.

La prima funzione corrisponde al **rinforzare il messaggio**.

Questo caso si presenta quando la comunicazione verbale e non sono, come si dice in gergo, congruenti, ovvero che cercano di far passare uno stesso messaggio.

Ad esempio, quando una mamma si arrabbia e sgrida il figlio, assume solitamente anche un'espressione facciale per sottolineare le sue parole.

Questo è un tipico caso di congruenza del messaggio.

Proseguendo, troviamo il caso in cui la comunicazione non verbale viene usata per **contraddire il messaggio**.

Questa volta troviamo un'incongruenza tra il linguaggio del corpo e quello verbale.

Torniamo all'esempio della mamma.

Se, sgridando il figlio, la mamma assumesse un'espressione di gioia, il messaggio comunicato attraverso le parole sarebbe percepito incongruente se relazionato con quello che passa attraverso la comunicazione non verbale.

Tuttavia, l'incongruenza non è sempre un male: a volte può addirittura essere usata come un'arma a proprio favore, nel caso si volessero comunicare certi messaggi particolari.

Infine, troviamo la terza funzione, la quale corrisponde al **sostituire il messaggio**.

In questo caso il linguaggio verbale potrebbe essere addirittura totalmente assente.

Il viso arrabbiato della madre, ad esempio, già di per sé riesce a comunicare con efficacia il messaggio che la donna vuole recapitare al figlio.

Attenzione: l'assenza di linguaggio verbale non corrisponde ad una minor potenza del messaggio, ma anzi, al contrario, spesso questo viene comunicato in modo molto più efficace e diretto se viene affidato solo alla comunicazione non verbale.

Siamo dunque arrivati al termine di questa breve panoramica introduttiva ed è quindi giunto il momento di addentrarci nell'analisi.

Prima di spiegare nella pratica i metodi utilizzati per analizzare le persone attraverso la comunicazione verbale, sarà necessario padroneggiare alcuni concetti di base, al fine di non commettere errori nell'analisi tecnica dei comportamenti del corpo.

Per questo motivo ho scelto di avere un doppio approccio al libro, dividendolo di fatto in due parti.

Nei prossimi capitoli troverai dei concetti più teorici, essenziali per arrivare preparati alla parte pratica.

In questa sezione, si parlerà anche di alcune tecniche utilizzate dall'agenzia governativa che più di ogni altra organizzazione è riuscita a portare l'analisi della comunicazione non verbale ad un livello superiore: sto ovviamente parlando dell'**FBI**.

Successivamente, si andranno ad analizzare nel dettaglio tutte quelle tecniche e quegli stratagemmi utilizzati anche dagli stessi agenti dell'FBI per analizzare le persone.

Se ti senti pronto per imbarcarti in questo viaggio, non aspettare altro e gira la pagina.

Buona lettura.

2. L'FBI: ovvero portare l'analisi delle persone su un altro livello

2.1 Cenni storici

FBI, come è ormai risaputo dalla maggior parte delle persone, è l'acronimo per **F**ederal **B**ureau of **I**nvestigation.

L'FBI è una delle agenzie governative più importanti degli Stati Uniti d'America, vantando un'area di competenza che copre tutto il Paese.

Quest'agenzia venne ufficialmente istituita il 26 luglio del 1908, al fine di rappresentare il braccio operativo del più ampio **Department of Justice**, spesso abbreviato con l'acronimo DOJ, ovvero il dipartimento di giustizia del governo degli Stati Uniti d'America.

Creare un'agenzia governativa del genere non è stato di certo un compito facile e veloce: la sua ideazione risale almeno ad un decennio prima rispetto alla data in cui è stata annunciata al pubblico.

Secondo le ricostruzioni storiche più attendibili, i ranghi maggiori degli Stati Uniti rilevarono l'esigenza di un'agenzia specializzata nella preservazione della sicurezza del Paese sul finire dell'Ottocento.

In questo periodo, infatti, il governo degli Stati Uniti si sentiva minacciato da forze anarchiche interne e, al fine di scovare i sovversivi e coloro che potenzialmente potevano costituire una minaccia per il Paese, si avanzò l'idea di creare un'agenzia altamente qualificata per svolgere compiti investigativi.

Sotto il governo Roosevelt, quindi, vennero poste le base per un'organizzazione in grado proteggere il Paese da attacchi terroristici, basi che si tramutarono poi nel 1908 ufficialmente nella neonata FBI.

Nel corso di oltre un decennio di storia moderna e contemporanea l'FBI ha lavorato ad un'innumerevole quantità di casi celebri, occupandosi principalmente di contrastare il terrorismo e lo spionaggio.

Tra i primi casi di grandissima importanza storica affrontati dall'FBI possiamo sicuramente ricordare le azioni volte a contrastare l'influenza del Ku Klux Klan in tutto il Paese.

I successi conquistati sul campo nei primi decenni del Novecento, anche e soprattutto grazie all'utilizzo di tecniche di investigazione all'avanguardia, convinsero il governo statunitense a dare maggiori responsabilità a questa organizzazione.

Nel 1935 l'FBI viene quindi dichiarata un'agenzia indipendente, rimanendo comunque all'interno del Dipartimento di Giustizia.

Dalla Seconda Guerra Mondiale alla fine della Guerra Fredda, passando per alcune celebri indagini di importanza storica, quali ad esempio l'assassinio del presidente John Fitzgerald Kennedy, l'FBI ha visto la propria autorità crescere, fino ad arrivare a diventare l'agenzia governativa più famosa al mondo.

La fama di cui gode oggi questa agenzia non è però di certo casuale.

Se ai giorni nostri l'FBI è ormai entrata nella cultura popolare, anche grazie a innumerevoli opere cinematografiche che rappresentano le coraggiose gesta dei suoi agenti, il motivo principale è da ricercare nell'accurato lavoro volto all'attento studio dei criminali.

Una cospicua parte del sopracitato studio riguarda proprio l'analisi delle persone e in particolare la comunicazione non verbale.

Le tecniche studiate dagli esperti nel corso degli anni si sono infatti rivelate fondamentali nella lotta contro lo spionaggio e il terrorismo, andando a smascherare insospettabili sospetti e salvando così centinaia e centinaia di vite.

Ovviamente, non tutti noi siamo destinati a diventare agenti dell'FBI, ma, come abbiamo visto nel paragrafo di apertura, chiunque può trarre benefici nell'imparare queste tecniche, sia nella vita personale, sia in quella lavorativa.

2.2 La funzione dell'FBI oggi

Oggi gli agenti dell'FBI continuano nel loro compito di proteggere gli Stati Uniti d'America da minacce interne ed esterne.

Ad esempio, negli ultimi decenni è stata provata l'esistenza di cellule terroristiche dormienti anche su suolo americano.

Uno dei principali compiti degli agenti dell'FBI è scovare questi terroristi prima che possano diventare pericolosi.

Oltre al terrorismo, l'FBI continua ad occuparsi anche di azioni volte al combattere lo spionaggio straniero, alla difesa dei diritti civili, a contrastare le organizzazioni criminali e alla lotta contro la corruzione politica.

Ovviamente le indagini in questi campi sono molto delicate, rimanendo anche nella maggior parte dei casi riservate e protette per molti anni dal segreto di Stato.

Tuttavia, ciò che è certo è che i criminali di vario genere che l'FBI si ritrova a combattere non sono famosi per la facilità con cui esprimono la verità usando le parole.

Proprio per questo motivo, al fianco di capacità fisiche e intellettuali notevoli, gli agenti dell'FBI devono imparare lungo un duro percorso di addestramento anche le tecniche per l'analisi della comunicazione non verbale.

Sono gli stessi agenti dell'FBI che confermano l'importanza dello studio della comunicazione non verbale nel loro lavoro, come avrai anche modo di leggere in un capitolo dedicato esclusivamente ad un'importantissima e significativa testimonianza di un agente.

In questo contesto, saper cogliere al volo le sfumature nei comportamenti dei propri interlocutori può fare sicuramente la differenza tra vita e morte, tra sicurezza e pericolo.

Proprio per questo motivo, il reclutamento di nuovi agenti è così selettivo e l'addestramento che devono affrontare in accademia è così duro.

Questo è un argomento molto interessante, nonché estremamente utile per capire gli standard che vengono richiesti agli agenti dell'FBI.

Se analizzare le persone non è cosa semplice, come in molti sono portati a pensare, vediamo allora quali caratteristiche devono avere i migliori conoscitori di queste tecniche.

Probabilmente resterai stupido dall'eccellenza richiesta.

2.3 Reclutamento e addestramento

Entriamo quindi nel dettaglio e cerchiamo di capire come può fare una persona comune ad entrare nell'organizzazione che più di ogni altra riesce ad analizzare le persone.

Si potrebbe dire che l'addestramento inizi ancora prima delle prime lezioni.

La scelta delle nuove reclute, infatti, è parecchio selettiva e già solo per superare queste è necessario dimostrare di essere estremamente dotati sia dal punto di vista fisico che intellettivo.

Oltre naturalmente ad essere cittadini statunitensi, è necessario avere un'età compresa tra i ventitré e i trentasette anni, e avere la fedina penale pulita.

E fin qua tutto semplice.

Bisogna poi possedere una laurea (in America questo percorso di studi ha la durata di quattro anni) oltre ad un'esperienza lavorativa di almeno tre anni.

E anche qua, niente di particolare.

Arriviamo poi ai test.

Un primo test viene chiamato con il nome di *Single Scope Background Investigation*, il quale corrisponde essenzialmente ad un'investigazione da parte di specialisti del governo statunitense sul passato della potenziale nuova recluta.

Si passa poi ai test sul campo.

I futuri agenti dovranno infatti superare un durissimo test fisico, chiamato con il nome di *Physical Fitness Test*, il quale prevede di verificare certi standard in varie discipline aerobiche e anaerobiche.

Come si può ben notare, passare questa selezione non può prevedere un impegno di soli pochi mesi, ma, di fatto, l'impegno deve esserci stato in praticamente tutta la vita dell'aspirante agente dell'FBI.

Oltre al più banale mantenere un'eccellente forma fisica, per superare le indagini sul proprio passato, l'interessato deve dimostrare di aver seguito una certa condotta nel corso degli anni e di essersi distinto nel proprio percorso di studi e professionale.

Superata questa fase di selezione, si arriva al momento dell'addestramento.

La celeberrima accademia dell'FBI è situata all'interno del famoso complesso adibito alle attività riguardanti la sicurezza degli Stati Uniti di Quantico, in Virginia, ed è qua che inizia il bello.

I futuri Agenti Speciali dovranno infatti superare ventuno durissime settimane di corsi intensivi, comprendenti più di 500 ore di lezione teorica e oltre 1000 ore di addestramento sul campo, durante le quali si simuleranno varie situazioni, talvolta anche estreme, in cui un agente dell'FBI potrebbe trovarsi una volta operativo.

In moltissimi, pur avendo superato la già durissima selezione, abbandonano l'addestramento senza terminarlo, stremati dalle fatiche fisiche e mentali richieste.

Per coloro che riescono a portare a termine i mesi d'addestramento, arriva il momento di passare all'azione sul campo.

Tutte le nuove reclute vengono a questo punto assegnate ad una delle circa 400 sedi sparse sul territorio statunitense e anche oltre i confini del Paese.

Qua le reclute inizieranno a lavorare su casi reali, affinando le proprie conoscenze e competenze, oltre che a specializzarsi in vari compiti.

Anche dopo l'assegnazione, la legge degli Stati Uniti d'America obbliga ogni Agente Speciale o membro del personale dell'FBI al trasferimento in un'altra sede al momento della necessità e se ordinato da un superiore di grado maggiore e quindi con maggiore autorità all'interno dell'organizzazione.

Ma torniamo brevemente all'addestramento.

Tra le sopracitate 500 ore di lezione teorica, un numero piuttosto consistente viene destinato alle tecniche riguardanti la comunicazione non verbale.

Come anche già spiegato in precedenza, ma è giusto ribadirlo anche in questa sede, per un agente dell'FBI le tecniche per analizzare le persone sono fondamentali.

Aver la capacità di capire in pochissimo tempo se il proprio interlocutore stia mentendo, dicendo la verità o nascondendo qualcosa di importante, può fare la differenza tra la vita e la morte, può essere essenziale per sventare attacchi terroristici o per fermare importanti azioni di spionaggio.

Anche se non tutti siamo destinati a diventare vertici dell'FBI, possiamo imparare qualcosa dall'importanza che questa organizzazione riserva alla comunicazione non verbale nel periodo di addestramento dei suoi cadetti.

Saper analizzare le persone è fondamentale per chiunque ed è essenziale per riuscire ad avere successo in molti contesti in tutto l'arco della propria vita.

Cercando di seguire l'esempio dei corsi che si tengono nel quartier generale di Quantico, nei prossimi capitoli troverai prima dei cenni teorici e, solo successivamente, ti verranno spiegate tutte le tecniche per mettere in pratica ciò che hai imparato al fine di analizzare perfettamente le persone.

3. Gli errori più comuni

3.1 Il contesto è importante!

Come spesso accade, anche in questo caso, prima di addentrarci nell'analisi sul cosa fare, cerchiamo di capire cosa non si deve fare quando si cerca di analizzare le persone.

Gli errori che le persone commettono nel tentativo di leggere il linguaggio non verbale dei propri interlocutori sono parecchi.

Secondo la mia esperienza, ve ne sono alcuni davvero molto comuni e che si ripetono anche con una certa frequenza fra coloro che millantano grandi abilità di analisi delle persone.

Senza ulteriori indugi, vediamo quindi i tre errori più commessi durante la lettura del linguaggio del corpo.

Il primo errore che voglio farti notare è la **mancata contestualizzazione dei gesti**.

Se ce ne fosse davvero solo uno da scegliere, sarebbe questo l'errore più comune e forse anche più grave.

Non valutare coerentemente il contesto, ovvero tutto ciò che sta attorno ad un determinato atteggiamento, rischia seriamente di spingerti verso un'interpretazione dei segnali completamente sbagliata e molte volte addirittura opposta rispetto alla realtà dei fatti.

Provo a farti un esempio molto semplice nel tentativo di spiegare meglio questo punto così tanto delicato.

Avrai sicuramente sentito un numero spropositato di volte la teoria secondo la quale se il tuo interlocutore si mette a braccia conserte significa che è disinteressato o chiuso rispetto ad un certo argomento.

Questa è una delle teorie più famose riguardanti la comunicazione non verbale e ti sarà quindi sicuramente capitato di sentirla più e più volte.

Bene, recenti studi sembrano confermare che questa teoria così tanto famosa si riveli nella pratica sbagliata in un grandissimo numero di casi.

Per come sono fatto, essendo sempre portato a ricercare il perché delle cose nel tentativo di comprendere meglio i fenomeni che mi si presentano davanti, una domanda mi sorge spontanea in automatico.

A cosa si deve questo errore interpretativo così grossolano e ricorrente?

Sostengo che questo errore sia dovuto proprio alla mancata contestualizzazione del gesto.

Non voglio di certo negare che mettere le braccia conserte possa talvolta indicare una chiusura rispetto ad un certo discorso, ma questo gesto può significare moltissime altre cose se contestualizzato in un quadro più ampio.

Prova ad immaginare un relatore ad un congresso. Mentre parla vede molte persone in platea che, pur seguendolo attentamente all'apparenza, hanno le braccia conserte.

Il nostro relatore penserà di star facendo un lavoro fallimentare, penserà che le persone sono disinteressate a ciò che ha da dire, diminuirà quindi il ritmo dell'esposizione e renderà il discorso meno appetibile.

Sarà solo a quel punto che rischierà davvero di perdere l'attenzione dei suoi interlocutori.

E se avesse valutato il contesto?

Beh, se avesse valutato il contesto tutto sarebbe andato diversamente.

Si sarebbe accorto che la temperatura della sala era troppo bassa e che i suoi interlocutori avevano assunto quella posizione solamente nel tentativo più o meno inconscio di aumentare la propria temperatura corporea e soffrire meno il freddo.
La conferenza sarebbe quindi stata un grande successo.

Questo, tra l'altro, è solamente un esempio.

Sono diversi i motivi per cui una persona potrebbe mettere le braccia conserte: questa è, ad esempio, la posizione che ci viene naturalmente da assumere se si hanno problemi di stomaco, oppure alcune persone la trovano, anche inconsciamente, comoda per aumentare e mantenere alta l'attenzione, come se volessero risolvere il problema dato dalle braccia "a penzoloni".

Non dare quindi il contesto per scontato e cerca sempre di capire il perché una persona ha assunto una determinata posizione o ha fatto un certo gesto, e solo successivamente cerca di interpretarlo.

3.2 Dare troppa importanza al gesto

So che probabilmente sarai confuso dopo aver letto il titolo di questo paragrafo, ma dammi la possibilità di spiegare un po' meglio e sono sicuro che anche tu concorderai con me.

Il secondo errore che voglio portare alla tua attenzione consiste nel dare troppa importanza al singolo gesto.

Certo, si sta parlando di comunicazione non verbale e di linguaggio del corpo: l'analisi dei gesti è la cosa più importante.

Ma è qui che vi sta l'errore.

Sono i gesti la cosa più importante, non il "gesto" al singolare.

Analogamente con il discorso fatto nel paragrafo precedente riguardante il contesto, anche in questo caso è necessario valutare il quadro generale, senza soffermarsi troppo su una singola variazione.

So di aver detto che questa parte sarebbe stata solo teorica, ma per aiutarti a mettere in pratica ciò che leggi fin da subito e per darti un'idea più chiara di quanto spiegato, voglio illustrarti due metodi per non incorrere più in questo errore capitale e così comune.

Quando noti un determinato gesto, una particolare posizione della postura o altro nel tuo interlocutore, prima di associare questo comportamento ad un significato ben preciso, prova a valutarne la ricorrenza.

Un gesto singolo è molto più probabile che sia condizionato da un contesto più generale, ma se questo si ripete più e più volte nell'arco della discussione quasi sicuramente ha un significato che può essere letto.

Il secondo trucco che voglio confidarti riguarda la congruenza.

Ho già accennato nel primo capitolo al concetto di congruenza tra comunicazione verbale e non verbale, ma in questo caso la congruenza da valutare è interna al linguaggio del corpo.

Se ad esempio tu notassi nel tuo interlocutore due particolari gesti, ma l'analisi dell'uno escluderebbe il significato dell'altro, e quindi non vi è congruenza tra i due, vuol dire che uno dei due messaggi che hai recepito è sbagliato e che probabilmente uno dei gesti analizzati è superfluo e totalmente casuale.

Ma come fare a capire quale gesto elidere?

Semplice, tenendo in considerazione quanto detto finora!

Abbiamo detto che un comportamento deve essere ricorrente e bisogna analizzarlo valutandone il contesto.

Questo è quindi esattamente ciò che devi fare per evitare di focalizzarti su gesti superflui e senza significato.

Se quindi due comportamenti non hanno congruenza e uno di questi viene ripetuto molte volte a differenza dell'altro, ovviamente sarà il primo comportamento quello da tenere in considerazione nell'analisi della persona.

3.3 Sopravvalutare le proprie capacità di analisi

Arriviamo quindi al terzo e ultimo errore di questa lista.

Si potrebbe dire che questo non sia un errore pratico, ovvero riguardante una sbagliata applicazione delle tecniche per analizzare le persone, ma che sia bensì un errore di atteggiamento e quindi anche potenzialmente più grave.

Soprattutto se ti stai approcciando solo ora alla lettura della comunicazione non verbale, ma in ugual misura anche se la pratichi già da anni, sopravvalutare le proprie capacità è un errore gravissimo, capace solo di provocare dispiacere e illusioni.

Non te lo dico per scoraggiarti, ma perché voglio che questo libro sia una guida sincera al cento percento.

Una persona, pur avendo studiato per anni e anni le tecniche per analizzare i propri interlocutori, non può essere mai sicura di riuscire a capire chi le sta di fronte in ogni minimo dettaglio.

Le analisi fatte saranno solamente delle supposizioni, le quali, se precedute da un periodo di studio, si riveleranno nella maggior parte dei casi corrette.

Tuttavia, bisogna tenere sempre in considerazione che la possibilità di sbagliarsi, seppur bassa, c'è.

Dimenticarsene sarebbe quindi un errore supponente e molto grave.

Per evitare di acquisire certezze che in realtà non puoi avere, avanzando interpretazioni troppo azzardate, ti consiglio di cercare sempre ulteriori prove non tanto che confermino le tue tesi, quanto in grado di smentirle.

Cerca quindi di essere umile e di continuare a cercare un qualcosa che ti dia segnali contrastanti rispetto alle tue convinzioni.

Ovviamente, tutto nel limite del buon senso. Non devi sacrificare la tua sicurezza e autostima nel tentativo di confutare le tue tesi: sei alla ricerca di certezze, non dell'auto-sabotaggio.

Ma vi è anche un'altra tipologia di supponenza in questo campo, ancora più grave di quella appena esposta.

Questa tipologia corrisponde a tutti quei casi in cui le persone sostengono di saper analizzare le persone, leggendo le più piccole micro-variazioni nelle espressioni facciali, quando in realtà sanno interpretare a malapena il più semplice dei segnali.

Ahimè, questo genere di persone esiste e non è nemmeno così raro come si potrebbe immaginare, ma anzi costituisce la maggior parte dei casi di persone che millantano abilità che in realtà non padroneggiano.
Prova a riflettere sul seguente ragionamento.

Gli Agenti Speciali dell'FBI sono i migliori in questa disciplina, ma la selezione è estremamente dura, l'addestramento è incredibilmente impegnativo e, anche una volta superato il periodo di studio, le insidie nel loro lavoro sono pericolose e sempre sfidanti.

Il loro percorso di formazione dura anni e anni, in che modo allora una persona con poca esperienza in questo campo (ovvero la maggior parte della popolazione) potrebbe reputarsi esperta?

Prima di dichiararti un esperto, assicurati quindi di avere alle spalle l'adeguata esperienza e sufficienti conoscenze.

In conclusione, possiamo affermare che analizzare le persone attraverso la comunicazione non verbale è possibile, efficace e permette di acquisire dei vantaggi strategici nei confronti dei propri interlocutori.

Tuttavia, bisogna stare molto attenti quando si cercano di mettere in gioco certe strategie, in quanto le insidie in questo campo sono molte e molto pericolose.

Nessuno sta cercando di nascondersi: la possibilità di sbagliare c'è sempre ed è proprio per questo che studiare attentamente le tecniche di lettura della comunicazione non verbale è essenziale per ridurre il rischio di incorrere in errori al minimo.

4. Le tipologie di segnale nella comunicazione non verbale

4. Cosa comunichiamo con il linguaggio del corpo?

Arriviamo ora ad un punto centrale del discorso.

Una domanda infatti dovrebbe sorgere spontanea.

A cosa serve la comunicazione non verbale?

In parte abbiamo già risposto a questa domanda nel primo capitolo, attraverso la spiegazione delle tre funzioni della comunicazione non verbale.

Nei prossimi paragrafi ci spingeremo più a fondo in questa analisi, cercando di analizzare con maggiore precisione le tipologie di segnali che il nostro corpo emette.

Da questa analisi saranno esclusi i casi in cui il messaggio espresso dal linguaggio del corpo sia congruente con quello verbale.

C'è poco da dire in questo caso: il linguaggio del corpo è quasi ripetitivo, sottolineando solamente quanto già le parole ci stiano dicendo.

Molto più interessanti sono i casi in cui i segnali emessi dal corpo sono incongruenti con il messaggio comunicato dalle parole o quando i messaggi della comunicazione non verbale aggiungono informazioni che le parole scelgono, più o meno consciamente, di nascondere.

Le sfumature qui si fanno ben più sottili, stuzzicando l'intelletto e l'intuito di tutti gli appassionati di analisi della comunicazione non verbale.

Gli esperti sono quasi completamente concordi a dividere i segnali non congruenti in due tipologie ben distinte: ci sono i **segnali rivelatori** e i **segnali di falso**.

Come è facilmente possibile intuire dal nome, i segnali rivelatori rivelano un qualcosa che il proprio interlocutore sta più o meno coscientemente cercando di tenere nascosto, mentre i segnali di falso mostrano come la persona che ci sta di fronte stia mentendo nella discussione.

Da una parte abbiamo quindi una tipologia di segnali che aggiunge qualcosa in più alla comunicazione verbale, senza tuttavia negare quest'ultima, dall'altra abbiamo dei segnali in netta contrapposizione dialettica con il messaggio proveniente dalle parole.

Se quindi i segnali di falso creano una vera e propria incongruenza tra parole e corpo, con i segnali rivelatori l'incongruenza è minima, anzi quanto il corpo fa capire non per forza di cose esclude il significato delle parole.

Chi mette in pratica le tecniche di analisi della comunicazione non verbale, lo fa generalmente soprattutto per ricercare in chi gli sta di fronte una piccola sfumatura che possa essere riconducibile ad uno di questi due segnali.

Visto che questo è il focus di molti studi sulla comunicazione non verbale, cerchiamo di analizzare questi concetti più nel dettaglio nei prossimi paragrafi.

4.2 I segnali rivelatori

I segnali rivelatori agli occhi di chi sa leggerli, come abbiamo già detto in precedenza, riescono a comunicare un qualcosa che va oltre alle parole, ma che non per questo ne è per forza in contraddizione.

Sicuramente nella vita di tutti i giorni ti sarà già capitato di sperimentare nella pratica la presenza di questa tipologia di segnali.

Prova a pensare ad un dialogo con un tuo collega o con un tuo amico.

Magari gli stavi raccontando qualcosa che per te era molto interessante, ma intravedevi nella sua espressione il completo disinteresse o, al contrario, grande partecipazione con la tua storia.

Bene, questi sono dei classici esempi di segnali rivelatori.

I segnali rivelatori, infatti, generalmente si concentrano sulla comunicazione di tue tipologie di messaggi.

La prima tipologia riguarda la comunicazione di **sensazioni**, la seconda, invece, riguarda le **emozioni**.

I segnali rivelatori delle emozioni sono abbastanza importanti, dato che sono in grado di fornire precise indicazioni, se letti a dovere, su cosa prova il proprio interlocutore per davvero durante un dialogo.

Tuttavia, sono i segnali rivelatori delle sensazioni quelli che tornano maggiormente utili quando si tratta di analizzare le persone.

Questa tipologia di segnali, infatti, può tranquillamente essere usata per capire il grado di gradimento o di avversità del nostro interlocutore verso un certo argomento.

Potremmo infatti considerare i segnali rivelatori delle sensazioni come una sorta di semaforo e dividerli nuovamente in tre sottogruppi: i segnali di rifiuto, di tensione e di gradimento.

I **segnali di rifiuto** sono la luce rossa del nostro semaforo.

Se rilevi uno di questi segnali, potrebbe essere una buona idea cambiare argomento o per lo meno rimodulare il discorso in modo da creare meno astio nel tuo interlocutore.

I motivi per cui una persona emette segnali di rifiuto possono essere molti, dal fastidio nel parlare di un argomento, ai dubbi riguardanti un ragionamento, fino ad arrivare al dissenso vero e proprio verso certe convinzioni.

Arriviamo poi ai **segnali di tensione**, ovvero il semaforo giallo.

Come nel codice stradale, il semaforo giallo non vuole essere un segnale di stop obbligatorio, ma non è nemmeno un segnale che ti deve spronare a continuare.

Al contrario, un segnale di tensione deve invitarti a valutare un contesto più ampio, in modo da capire se la tensione provata dal tuo interlocutore possa trasformarsi in una sensazione positiva o negativa (nota ancora una volta l'importanza dell'analisi del contesto).

I segnali di tensioni sono comunque utili a capire che il proprio interlocutore non è indifferente rispetto al discorso che stai portando avanti, tuttavia non è comunque ancora convinto al cento percento delle tue parole.

Il fatto che l'attenzione del tuo interlocutore salga potrebbe essere un ottimo segnale per i tuoi scopi. Cerca quindi anche tu di prestare ancora maggior attenzione alle tue parole e al tuo linguaggio del corpo, in modo da indirizzare la discussione e la ricezione dei tuoi messaggi sui binari che più preferisci.

Infine, abbiamo i **segnali di gradimento**, ovvero la luce verde del nostro semaforo metaforico.

In questo caso c'è poco da dire.

Se rilevi un atteggiamento riconducibile ad un segnale di gradimento, vuol dire che il tuo interlocutore sta apprezzando ciò che stai dicendo e concorda con le tue parole.

In questi casi hai in pugno la situazione: le persone stanno pendendo dalle tue labbra e puoi portarle dove più preferisci.

Un piccolo appunto prima di proseguire.

Tutti questi segnali, compresi anche i segnali di falso che vedremo nel dettaglio tra poco, sono tanto validi quando chi li emette sta ascoltando, quanto durante la parlata.

Anzi, in alcuni casi potrebbe essere ancora più interessante rilevare questi segnali mentre chi li emette sta parlando, in modo da capire la verità e le sensazioni che si nascondono dietro a determinate parole.

4.3 I segnali di falso

Voglio iniziare questo paragrafo mettendoti al corrente di due concetti che la maggior parte della gente totalmente ignora, ma fondamentali per una corretta analisi delle persone.

Uno: non esistono segnali di falso assoluti.

Due: un segnale di falso non implica per forza di cose che il proprio interlocutore stia mentendo.

Per quanto riguarda il primo punto, la spiegazione che posso darti è alquanto semplice e non mi stuferò mai di ripeterla.

Il contesto è sempre la cosa più importante e per questo motivo ogni segnale deve essere valutato in un quadro più ampio.

Il punto numero due, invece, è un po' più sottile da spiegare.

Fino ad adesso abbiamo capito che i segnali di falso sono quelli che più di tutti sottolineano la presenza di un'incongruenza tra il linguaggio verbale e non verbale.

Ma queste incongruenze sono presenti solo quando si mente spudoratamente?

La risposta è no!

O per lo meno, non tutte le menzogne sono vere bugie.

I segnali di falso possono infatti dividersi in ulteriori quattro sottocategorie: mancanza di convinzione, conflitto interiore, menzogna e integrazione emotiva.

Analizziamo ognuno di questi casi più nel dettaglio.

I segnali di falso riguardanti la **poca convinzione** sono più comuni di quanto si possa pensare e di sicuro ti sarà capitato di vederli nella vita di tutti i giorni.

Immagina una situazione in cui un venditore stia cercando di convincerti a comprare il suo prodotto.

Tuttavia, dal suo atteggiamento, tu riesci a capire immediatamente che è molto insicuro, per poi scoprire che è al suo primo giorno di lavoro!

Ecco, in questo caso saresti di fronte ad un classico esempio di segnale di falso dettato dalla poca convinzione e, come puoi ben capire, alla base non vi è una menzogna, ma solo tanta insicurezza.

Passiamo ora al **conflitto interiore**.

Personalmente, adoro la pizza e solitamente la mangio tutti i sabati sera.

Quando sono a dieta, magari in vista dell'estate, cerco di limitare questa mia abitudine ad una sola volta al mese.

Tuttavia, mia figlia, anche se sa che ho mangiato il mio piatto preferito nel weekend precedente, ogni sabato mi chiede se voglio una fetta della sua pizza.

Le mie parole dicono di "no", ma i segnali che emette il mio corpo fanno chiaramente intendere di "sì".

Sto mentendo?

Forse, ma più che a mia figlia, sto mentendo a me stesso.

Questo appena esposto è un tipico caso di segnale da conflitto interiore.

Arriviamo quindi alla **menzogna** vera e propria.

Paradossalmente, qui il discorso è molto meno interessante.

In questo caso siamo davanti ad una persona che mente e cerca di distorcere la realtà.

Più che in ogni altro scenario è quindi in questo caso importante captare con destrezza e velocità i segnali di falso, al fine da smaschera la persona di fronte a noi.

Inutile sottolinearlo, le tecniche per rilevare questo genere di segnali sono molto studiate dai cadetti dell'FBI durante il loro periodo di formazione e sono tra le più importanti tra quelle che useranno nell'arco della loro carriera.

Infine, vi è l'**integrazione emotiva**.

In questo caso siamo di fronte ad una persona che, prima che a chiunque altro, sta cercando di autoconvincersi di un qualcosa.

Prova ad immaginare di aver a che fare con un qualcuno che ha appena perso un genitore.

La domanda naturale da porre in queste situazione è il classico "come stai?", che riceverà naturalmente una risposta positiva.

Risposta positiva tuttavia esclusiva delle parole.

Il corpo, i gesti e l'espressione del viso molto probabilmente diranno infatti tutt'altro.

Il tuo interlocutore, in questo caso, non sta cercando di trarti in inganno, ma sta invece provando a convincersi di stare bene, metabolizzando la morte del genitore.

Riuscire a ricondurre un comportamento preciso ad una famiglia di segnali è anche più importante del conoscere le classiche corrispondenze gesto-significato che ignorano completamente il contesto.

Il metodo usato dall'FBI, come vedremo nel prossimo capitolo, dà infatti molta più importanza a ciò che hai letto fino ad ora rispetto che al collegare un comportamento al suo significato in automatico.

Tra poco cercheremo anche di analizzare nella pratica alcuni atteggiamenti che le persone assumono, ma prima di continuare ti consiglio caldamente di memorizzare quanto letto finora.

5. Come l'esperienza dell'FBI può aiutarci nella vita di tutti i giorni

5.1 Joe Navarro, linguaggio del corpo e gangster

Entriamo ora nel vivo dell'azione.

Abbiamo più volte citato l'FBI nel corso di questa prima parte, dedicando a questa organizzazione anche un intero capitolo.

Tuttavia, non abbiamo mai visto nel dettaglio come operano gli Agenti Speciali e come la loro esperienza possa tornare nella pratica alla gente comune.

Bene, è ora arrivato il momento di approfondire questo discorso.

Devi sapere che c'è un ex agente dell'FBI che, come molti altri suoi colleghi, nel corso degli anni si è specializzato proprio nell'analisi della comunicazione non verbale.

Questo agente, dopo anni e anni di onorato servizio, ha deciso di lasciare l'FBI e ora ha fatto della divulgazione nel settore della comunicazione non verbale la missione della sua vita.

Il suo nome è **Joe Navarro**.

Se in passato ti sei già interessato all'analisi delle persone e alle teorie sul linguaggio del corpo, molto probabilmente questo nome ti suonerà tutto tranne che nuovo.

Joe Navarro infatti è una sorta di istituzione in questo mondo, venendo riconosciuto praticamente da chiunque come uno dei massimi esperti di comunicazione non verbale.

Nel corso della sua carriera di agente dell'FBI ha lavorato su un grandissimo numero di casi, prestando sempre particolare attenzione ai gesti, agli sguardi e agli atteggiamenti dei sospettati più che alle loro parole.

Ascoltando le interviste che ha rilasciato nel corso degli anni da quando non è più un Agente Speciale, si può notare come molto probabilmente tra i suoi soggetti preferiti per l'analisi della comunicazione vi siano gangster e mafiosi.

Le sue teorie riguardanti questa categoria sono molto interessanti e anche utili ai fini di questo libro, al fine di sottolineare come anche i migliori (nel campo delle menzogne, non nella vita, mi sembrava giusto specificarlo), spesso non riescano ad evitare di emettere dei segnali involontari.

Che sia per la posizione delle mani, per un gesto ripetuto o per un sopracciglio che si muove un po' troppo, anche i gangster più temuti si tradiscono sempre agli occhi di chi sa captare i segnali emessi dal linguaggio del corpo.

Sono due in particolare le domande a cui il lavoro di Joe Navarro ha cercato di dare una risposta.

Perché siamo così attratti dai gangster?

I gangster sono davvero ciò che mostrano?

Ovviamente, la prima domanda è molto più superficiale, per rispondere invece alla seconda Navarro ha dovuto analizzare attentamente l'atteggiamento di alcuni tra i gangster più famosi della storia.

Cerchiamo, nel modo più sintetico e chiaro possibile, di riportare l'analisi fatta da Navarro.

La risposta alla prima domanda è alquanto semplice.

I gangster ci appaiono così affascinanti perché fanno di tutto per mostrarsi in questo modo.

Può sembrare quasi paradossale, ma i gangster, in particolari i capi delle organizzazioni criminali americane, erano perfettamente a conoscenza del fatto che le foto che venivano loro scattate una volta arrestati, sarebbero state poi rese pubbliche sui giornali e, successivamente, in televisione.

Per questo motivo, cercavano sempre di apparire ben vestiti, in modo da dare l'impressione di godere di grande benessere, e con posture e espressioni tipiche di chi vuole dare un'idea di sé da uomo duro.

Stesso motivo per cui si atteggiavano così anche per le strade: dovevano sembrare ricchi, potenti e invincibili, in modo da spaventare e guadagnarsi il rispetto dei propri amici e dei propri nemici.

Per questa serie di motivi, anche oggi a decenni di distanza dalla morte di alcuni casi presi in considerazione da Navarro, queste figure ci appaiono così ricche di fascino, provocando in alcuni quasi invidia verso il loro stile di vita, nonché talvolta un malsano desiderio di emulazione.

Ma in realtà, quando venivano immortalati dalle fotocamere, ciò che nascondevano era ben diverso.

In diverse sue spiegazioni, Joe Navarro prende come esempio foto e filmati d'epoca, ritraenti alcuni tra i più celebri boss mafiosi di sempre.

Tra i vari casi analizzati da Navarro possiamo trovare Bugsy Siegel, John Dillinger, Mickey Cohen e addirittura il famosissimo gangster diventato celebre con il nome di Lucky Luciano, ovvero colui che viene da molti considerato il padre delle organizzazioni criminali americane moderne.

Ciò che spiegano le analisi di Navarro è che la durezza e lo stoicismo che emergono dall'atteggiamento di questi criminali non è altro che una facciata eretta per nascondere varie insicurezze e problemi psicologici.

Ad esempio, i vestiti, griffati e costosi, sono talvolta un modo per nutrire il proprio narcisismo spropositato, altre volte per sottolineare il successo raggiunto nella propria carriera tra le file criminali.

Molto interessanti sono le immagini durante gli arresti o in tribunale.

Questi gangster, infatti, pur provando ad assumere sempre pose da duro, in realtà si tradiscono con piccoli atteggiamenti involontari, i quali fanno emergere tutta l'insicurezza dovuta ad una situazione in cui sono in netta difficoltà.

Talvolta è la posizione delle mani, talvolta il continuare ad aggiustarsi la posizione dei calzini o della cravatta, altre volte ancora un movimento di un sopracciglio.

I segnali possono essere molti e di diverse categorie, ma ciò che è certo è che nemmeno i gangster più spietati riescono a nascondere un sentimento così potente come la paura.

5.2 Gli insegnamenti dell'FBI nella vita di tutti i giorni

I casi analizzati da Joe Navarro citati nel paragrafo precedente riguardano tutti grandi criminali con alle spalle assassinii, traffico internazionale di stupefacenti o evasioni da carceri di massima sicurezza.

Insomma, persone non proprio raccomandabili e con cui mi auguro tu non abbia mai l'occasione di rapportarti, a meno che il tuo più grande desiderio non sia proprio combattere queste pericolose organizzazioni.

In generale, una persona comune non avrà mai l'opportunità di parlare con il nuovo Lucky Luciano e di fare pratica nell'analisi del linguaggio del corpo su un personaggio così particolare.

Come penso e spero che tu abbia ormai capito arrivato a questo punto del libro, l'analisi delle persone non è essenziale solo per gli Agenti Speciali dell'FBI, ma può costituire anche un'importantissima risorsa nella vita di tutti giorni.

Tra i tanti sostenitori di questa convinzione vi è anche lo stesso Joe Navarro, che, come detto in precedenza, ora divulga alle persone comuni le tecniche apprese in anni e anni di studio e di esperienza sul campo.

Navarro tiene oggi molti convegni e ha pubblicato diversi libri, il cui scopo non è solamente quello di raccontare la propria esperienza con criminali e terroristi, ma anche, e forse soprattutto, quello di insegnare alle persone ad essere più coscienti dell'importanza del sapere analizzare il linguaggio del corpo dei propri interlocutori.

Come i Comandamenti, dalle interviste e dai libri di Navarro emergono dieci leggi, dieci consigli da tenere sempre in mente quando si vuole analizzare i propri interlocutori attraverso l'osservazione del linguaggio del corpo.

Vediamo insieme questa lista.

Il consiglio numero uno è **osserva il tuo ambiente**.

Potrebbe sembrare un consiglio banale, ma Navarro sottolinea come, secondo la sua esperienza, l'osservazione sia una capacità da allenare e che, di conseguenza, solo tramite l'allenamento si può migliorare sotto questo aspetto.

Molte persone, anche se non ne sono pienamente coscienti, hanno perso questa importantissima abilità e ora molto spesso guardano ciò che le circonda senza però osservare veramente.

Cerca quindi di prestare sempre la massima attenzione all'ambiente circostante, allenando così la tua capacità di osservazione.

Il secondo consiglio, come forse avrai capito, è quello a me più caro, ovvero **considera il contesto**.

Non mi dilungherò molto su questo punto in quanto è stato ampiamente già affrontato in precedenza.

Sarà sufficiente sottolineare ancora una volta l'importanza di immergere un segnale in un contesto più ampio, cercando anche all'interno di questo i motivi per cui è stato emesso.

Ricordati: la comunicazione non verbale è sempre dipendente dal contesto.

Successivamente, Navarro consiglia di imparare a **decodificare i segnali universali**.

Ci sono alcuni comportamenti che hanno sempre lo stesso significato.

Per padroneggiare le tecniche di analisi delle persone è necessario imparare perfettamente quali sono questi atteggiamenti e il loro significato preciso.

Questi atteggiamenti sono una sorta di bussola nel viaggio verso la definitiva comprensione del proprio interlocutore.

Dall'altra parte, è necessario anche saper **riconoscere i segnali non universali**.

Nela pratica si è notato, come ho già provato ad accennarti nei primi capitoli, come alcuni segnali possano cambiare di significato da persona a persona.

Abbiamo già visto l'esempio delle braccia conserte.

Il miglior modo per non cadere in errore in questi casi consiste nel conoscere il proprio interlocutore e far tesoro delle esperienze passate.

Arriviamo a metà di questa interessante lista citando l'importanza dell'**individuazione di schemi comportamentali**.

Prima di notare le variazioni nei comportamenti dei propri interlocutori in momenti di stress o di confronto, bisognerebbe sempre conoscere il comportamento di chi ci sta di fronte in momenti di tranquillità.

Così facendo sarà molto più facile notare le variazioni dei comportamenti nei momenti opportuni.

Continuiamo con il sesto consiglio: **metti in relazioni più segnali**.

Analizzare un singolo segnale può nella maggior parte delle volte non essere sufficiente.

Ad esempio, ti sarà sicuramente capitato di ricevere segnali contraddittori da una persona, magari di agio e disagio alternati.

Ecco, segnali così contrastanti evidenziano la difficoltà del tuo interlocutore.

Contemporaneamente, **dà la giusta importanza ai cambiamenti improvvisi**.

Un cambiamento improvviso nell'atteggiamento del proprio interlocutore è un segnale che sicuramente indica come ci sia stato un qualcosa che lo ha turbato, costringendolo ad adattare i propri sentimenti e i propri comportamenti a questa nuova situazione.

Per non essere ingannati, è anche essenziale imparare a riconoscere i **segnali non verbali ingannatori**.

Senza citare nuovamente criminali vari, avrai sicuramente notato come l'atteggiamento di alcune persone cerchi talvolta di dare segnali non veritieri.

Questi vengono chiamati segnali ingannatori, i quali non sono altro dei segnali che il tuo interlocutore, esperto a sua volta di comunicazione non verbale, cerca di emettere per trarti in inganno durante l'analisi.

Imparare a riconoscere questi segnali è quindi fondamentale per non essere ingannati proprio quando si pensa di aver raggiunto un certo grado di comprensione in chi ti sta davanti.

Come penultimo consiglio, troviamo quello che ti sprona ad imparare a **distinguere tra agio e disagio**.

Imparare a conoscere i segnali riconducibili a questi due sentimenti così opposti non può che essere essenziale per capire cosa provi il proprio interlocutore di fronte ad un certo discorso.

Tra l'altro, se l'analisi di questo punto viene rivolta verso se stessi, si rivela anche un ottimo modo per conoscersi meglio.

Arriviamo infine con l'ultimo consiglio, ma sicuramente non per ordine di importanza.

Osserva senza essere osservato.

Ovviamente questo punto è particolarmente importante per chi ha costantemente a che fare con pericolosi criminali, ma è altrettanto valido anche nella vita di tutti i giorni.

È infatti sempre necessario evitare di far intuire ai propri interlocutori che si stanno mettendo in atto le strategie per analizzare il loro linguaggio non verbale.

Nel caso si abbia a che fare con gangster si rischierebbe addirittura la morte, cosa che non accade con persone comuni, ma, anche in questo caso, ci si esporrebbe a diversi rischi, seppur minori, come creare della tensione inutile e diventare facili prede dei segnali ingannatori.

5.3 Dalla teoria alla pratica

Ho voluto inserire questo capitolo nel libro principalmente per due motivi.

Da una parte, penso che le informazioni contenute siano estremamente interessanti per chiunque: anche coloro che non sono particolarmente interessati ad imparare ad analizzare le persone sono sicuro che troveranno molto piacevole almeno la lettura del primo paragrafo di questo capitolo.

Ma è in modo particolare per il secondo motivo che ho scelto di inserire quanto hai letto nelle precedenti pagine.

Con questo capitolo infatti si conclude la parte puramente teorica del libro e dal prossimo capitolo troverai quindi tutti i metodi pratici per scovare i segnali più importanti del linguaggio non verbale.

Ho scelto proprio la figura di Joe Navarro per guidare questa transizione dal teorico al pratico, dato che Navarro è una persona che questo salto lo ha fatto più volte, passando prima da studente ad Agente Speciale e poi tornando sui banchi di scuola, ma dall'altra parte, in qualità di divulgatore oltre che di scrittore.

Ciò che hai letto in questi primi capitoli e in particolar modo nelle ultime pagine ti sarà sicuramente utile per riuscire ad utilizzare al meglio nella pratica i metodi che ti verranno spiegati nel resto del libro.

Nella vita di tutti i giorni, ricordati di tenere sempre bene a mente i dieci consigli di Navarro che hai letto poco fa.

D'altronde, te li ha dati uno che di pratica ne ha fatta parecchia.

6. Gli occhi e lo sguardo

6.1 Introduzione

Dopo la prima parte del libro, colma di importantissimi concetti teorici, arriviamo finalmente a parlare di pratica.

Da questo punto in avanti ti verranno date importanti indicazioni su come analizzare i tuoi interlocutori nel momento in cui ti trovi davanti a loro.

Come avrai modo di leggere, i segnali che analizzeremo in questo capitolo e nei successivi vengono emessi quotidianamente nella vita di tutti i giorni.

I messaggi che questi segnali vogliono comunicare possono essere di tipologie completamente diverse tra di loro, partendo dall'interesse sessuale fino ad arrivare alla vera e propria menzogna.

Piccola nota prima di iniziare questa nostra analisi.

Ricordando quanto detto nei capitoli precedenti, ogni segnale deve essere valutato all'interno di un contesto più ampio.

Tuttavia, sempre come abbiamo visto nel capitolo precedente, anche nella lista dei dieci consigli di Joe Navarro, è molto utile nella vita di tutti i giorni conoscere i segnali universali della comunicazione non verbale in modo da riuscire velocemente ad orientarsi almeno ad un primo livello di analisi.

Ho scelto di avere un approccio abbastanza tradizionalista nell'analisi che segue, dividendo i segnali non in base al significato, quanto in base alla parte del corpo che emette il messaggio.

Ritengo che per gli scopi didattici e divulgativi perseguiti da questo testo, questa sia la suddivisione più utile per riuscire a darti delle direttive da mettere in pratica fin da subito.

Infatti, dopo aver letto ogni capitolo di questa seconda parte del libro, potrai subito esercitarti nella pratica, concentrandoti sui segnali delle varie parti del corpo analizzate.

6.2 Tutto ciò che puoi capire dagli occhi

Per iniziare questa analisi, come avrai già letto dal titolo del capitolo e di questo paragrafo, non potevo non scegliere lo specchio dell'anima, ovvero gli occhi.

Gli occhi, da che l'uomo ne ha memoria, sono stati grande fonte di ispirazioni per artisti, nonché il miglior modo per comunicare amore e desiderio sessuale senza l'uso delle parole.

Ma gli occhi comunicano anche molto altro.

Di seguito troverai allora una piccola carrellata dei più comuni sguardi che gli uomini e le donne fanno nella vita di tutti i giorni.

Questi sguardi verranno direttamente associati ad un significato ben preciso, in modo da darti l'opportunità, come detto poco sopra, di mettere in pratica fin da subito tutte le nozioni imparate.

Il primo tipo di sguardo che voglio analizzare è ciò che chiamo **"sguardo da duro"**.

Nella vita di tutti i giorni, nei film o nelle serie TV sicuramente avrai già visto questo tipo di sguardo, davvero tra i più comuni che le persone assumono.

Questo sguardo è molto intenso e penetrante, con gli occhi non proprio aperti al massimo, ma nemmeno eccessivamente socchiusi.

Questo tipo di sguardo è solitamente accompagnato anche da espressioni facciali particolari, come ad esempio la bocca serrata, le narici del naso contratte così come lo sono le sopracciglia, a cui si aggiunge molto spesso anche una posizione del capo leggermente inclinato in avanti o all'indietro: tutti elementi che cercano di sottolineare la durezza che si vuole trasmettere.

Chi assume questo atteggiamento di solito lo mantiene per diverso tempo proprio perché vuole essere chiaramente notato.

Il segnale emesso è quindi sempre molto chiaro.

Colui che si pone al proprio interlocutore con uno sguardo da duro vuole innegabilmente comunicare avversità e in alcuni casi addirittura spaventare chi gli sta di fronte.

Ovviamente, inutile dire che è meglio non giocare con il fuoco in questi casi, ma è invece preferibile cercare di evitare di far innervosire ulteriormente chi ti sta di fronte.

Proseguiamo con quello che molti chiamano **sguardo prolungato**.

In questo caso non possiamo parlare di un vero e proprio comportamento degli occhi, ma semplicemente si intende quell'atteggiamento per cui una persona ne fissa un'altra per un periodo più o meno prolungato di tempo.

Molte volte, addirittura, questo periodo viene intervallato da delle pause, magari quando la persona "fissata" incrocia lo sguardo di quella che sta fissando.

Questo tipo di sguardo può essenzialmente voler dire due cose.

Due significati differenti a seconda del contesto, ma sempre inerenti all'interesse.

Un primo caso vede nella persona che assume uno sguardo prolungato nei confronti dell'altra un interesse di tipo sessuale.

La persona che prova questo tipo di interesse e assume questo tipo di sguardo solitamente è sfrontata e non ha interesse a nascondersi dietro timidi ammiccamenti o segnali deboli, preferendo mettere le cose in chiaro fin da subito con uno sguardo prolungato.

Nel secondo caso è l'interesse verso l'argomento della conversazione a portare il proprio interlocutore ad assumere questo tipo di sguardo.

Banalmente, questo sguardo è molto comune quando si incontrano nuove persone al momento della presentazione: se una persona lo assume, solitamente vuol dire che era interessata a fare la tua conoscenza.

Arriviamo poi a quello che probabilmente è lo sguardo più interessante di questa lista, ovvero lo **sguardo sfuggente**.

In questo caso il proprio interlocutore cerca di evitare il contatto tra il suo e il tuo sguardo, magari anche utilizzando banali pretesti come grattarsi l'occhio o guardare lo smartphone sperando nell'arrivo di una qualche notifica.

Essenzialmente, possono esserci quattro significati dietro lo sguardo sfuggente.

Un primo significato lo troviamo in risposta ai due tipi ti sguardi analizzati in precedenza.

Distogliere lo sguardo in questi casi, infatti, vuol dire sentirsi minacciati e cercare di portare la propria attenzione da un'altra parte, distogliendola così dal proprio interlocutore.

Se, ad esempio, vi è uno sguardo sfuggente in risposta a quello da duro, vuol dire che chi assume questo atteggiamento si sente in pericolo.

Invece, chi assume uno sguardo sfuggente in risposta ad uno sguardo prolungato lo fa solitamente perché non contraccambia l'interesse della controparte, ad esempio quello sessuale.

Uno sguardo sfuggente può voler dire anche insicurezza o disagio.

Infatti, quando una persona non si sente a proprio agio nell'affrontare una determinata conversazione o non è certo dei concetti che sta esponendo, cercherà di evitare in tutti i modi di incrociare lo sguardo dei propri interlocutori.

Infine, abbiamo un segnale di falso.

Uno sguardo sfuggente molto spesso è sinonimo di una menzogna.

Anche chi mente, infatti, molto spesso evita di incrociare lo sguardo di chi ha davanti, sia perché sa che tramite gli occhi potrebbe essere scoperto sia perché, tornando a quanto detto nelle righe precedenti, potrebbe sentirsi in colpa nell'aver mentito.

La domanda che potrebbe sorgere spontanea a una persona non avvezza al mondo dell'analisi della comunicazione non verbale è come fare a distinguere tra tutti questi vari significati.

Se hai letto attentamente i capitoli precedenti la discriminante che fa propendere verso un'interpretazione piuttosto che un'altra dovresti già averla compresa.

Ovviamente sto parlando del contesto.

Vediamo ora due sguardi tipici che segnalano dell'interesse sessuale.

Il primo è lo **sguardo di traverso**.

A differenza di altri tipi di sguardo che comunicano interesse romantico, questo è senza alcuna ombra di dubbio molto più allusivo.

Questo tipo di sguardo permette infatti di mandare segnali senza assumere un atteggiamento eccessivamente plateale, riuscendo quindi a comunicare efficacemente il proprio interesse, rimanendo comunque in qualche modo eleganti nel proprio atteggiamento.

Nella pratica, questo è il tipico sguardo di sbieco, talvolta accompagnato da degli occhi socchiusi o da un velato sorriso, tutti segnali che sottolineano nuovamente e maggiormente l'interesse.

Nella maggior parte dei casi, questo tipo di sguardo è quello usato nel primo approccio, quando ancora non si vuole o non si è pronti a scoprire tutte le carte in tavola.

Tuttavia, le persone più riservate o amanti dei flirt più velati possono assumere questo sguardo anche in fasi ben più avanzate del rapporto.

Il secondo sguardo che segnala interesse sessuale che voglio qui proporre è praticamente opposto a quello appena visto.

Voglio infatti parlare di quel tipico **sguardo dall'alto in basso**.

Questo è il tipico sguardo di chi sta cercando di "squadrare" l'oggetto del proprio desiderio sessuale, senza farsi remore di venire notato.

È tipicamente un segnale maschile e nella maggior parte dei casi anche un po' maschilista, ma non per questo è esclusivo di questo sesso, anche se solitamente le donne sono più abili a nasconderlo.

Chi emette questo tipo di sguardo vede nella persona che ha di fronte una sorta di preda da conquistare, osservandola attentamente partendo dall'alto fino ad arrivare a terra.

Come detto, la persona che assume questo tipo di atteggiamento non ha paura che il proprio interesse venga scoperto, ma anzi al contrario molte volte fa di tutto per esplicitare il proprio desiderio.

Di conseguenza, questo sguardo è tipico delle persone con grande ego e che non amano flirt velati e lunghi giochi di seduzione.

Cambiando ora ambito, arriviamo all'ultimo tipo di sguardo che vorrei analizzare in questo capitolo.

È il momento di parlare degli **occhi chiusi**.

Ovviamente con "occhi chiusi" non si vuole intendere né gli occhi che rimangono chiusi per molto tempo, né tantomeno un rapido battito di palpebre.

In questo caso si sta parlando di una chiusura delle palpebre relativamente breve, ma indubbiamente percepibile ad occhio nudo senza troppa fatica.

Questo atteggiamento è un chiaro segnale universale che il proprio interlocutore non ha più alcun interesse nel partecipare a quella determinata discussione.

Solitamente la chiusura degli occhi non è data da disagio o da astio nei confronti di un certo argomento, ma è molto più probabile che alla sua base ci sia semplicemente della noia.

Se stai cercando quindi di far colpo su una persona e noti in lei questo atteggiamento, il consiglio è sicuramente quello di assecondare i suoi desideri e portare la discussione su un nuovo argomento.

Siamo ormai giunti alla fine di questa nostra analisi sui tipi di sguardi più comuni.

Come puoi notare, già solo analizzando una parte del corpo piccola come possono essere gli occhi si possono comprendere tantissime cose di una persona.

Ovviamente non tutte le parti del corpo sono ricche di significato come lo sono gli occhi e proprio per questo motivo è proprio dagli sguardi che consiglio di iniziare la propria analisi quando si parla di comunicazione non verbale.

D'altronde, ci sarà pur un motivo se gli occhi vengono chiamati "lo specchio dell'anima".

7. Il volto: espressioni e comportamenti

7.1 Le espressioni facciali

Senza allontanarci troppo dagli occhi, è arrivato il momento di analizzare la funzione del viso nella comunicazione non verbale.

La questione è qui particolarmente interessante in quanto molto spesso le persone mostrano una faccia che non rispecchia realmente ciò che sono o le emozioni che sentono.

O per lo meno ci provano.

Provano a sembrare più sicuri di sé, più forti moralmente o più coraggiosi, cercando di nascondere i lati più oscuri del proprio carattere.

Dico "ci provano" perché se una persona conosce i metodi per analizzare tutti i messaggi della comunicazione non verbale che passano dal volto, allora saprà anche come e quando il proprio interlocutore sta forzando una determinata espressione, magari al fine di mentire o di nascondere qualcosa.

Prendiamo per esempio il semplice sorriso.

Un sorriso nasconde molto più di ciò che vuole mostrare.

Esistono molti tipi di sorrisi diversi, che noi tutti impariamo a fare nell'arco della nostra vita per comunicare un qualcosa di specifico.

Tuttavia, il sorriso non è sempre un qualcosa di naturale, ma è molto più spesso una maschera che usiamo per nascondere un qualcosa.

Alcuni esperti sostengono addirittura che il sorriso per l'essere umano non sarebbe un'espressione naturale, ma bensì un qualcosa che siamo portati ad imparare a fare per vivere nella nostra società moderna.

Ciò che è certo è che effettivamente ognuno di noi impara a sorridere, magari per esprimere un qualcosa o per nascondere altro.

Ad ogni modo, il discorso sul sorriso, per quanto in apparenza semplice, è in realtà molto più complesso di così.

Per questo motivo, ho scelto di parlare più approfonditamente dell'argomento nel prossimo paragrafo, in modo da darti alcune dritte su come interpretare vari tipi di sorriso nella pratica di tutti i giorni.

In questo paragrafo, invece, come avrai capito dal titolo, vogliamo concentrarci su alcune espressioni facciali particolarmente comuni nella comunicazione non verbale di tutti i giorni.

Il primo tipo di espressione facciale su cui voglio soffermarmi è…

…nessuna espressione!

Esatto, perché il **coprirsi il viso** è un atteggiamento molto importante che può volere dire diverse cose, le quali dipendono soprattutto in funzione del fatto che se chi assume questo comportamento sta parlando o sta ascoltando.

Nel caso si stia ascoltando, il coprirsi il viso, solitamente con le mani, indica un senso di disagio.

Probabilmente il tuo interlocutore non è assolutamente d'accordo con ciò che stai dicendo, magari ne è addirittura scioccato, ma ciò che è sicuro è che sta cercando di prendere delle nette distanze dalle tue parole.

La situazione in questi casi è particolarmente delicata e ti consiglio quindi di prestare particolare attenzione a come gestirai il discorso da questo punto in avanti.

Se invece colui o colei che si copre il volto sta in quel determinato momento parlando, vuol dire che sta comunque provando una situazione di disagio, ma questa volta molto probabilmente causata dal fatto che sta mentendo.

Questa analisi è ugualmente valida nella maggior parte dei casi anche se ad essere coperta è solo una parte ridotta del viso, in particolar modo la bocca o gli occhi stessi.

Procediamo con una particolare combinazione di atteggiamenti.

Vorrei infatti soffermarmi su un'espressione facciale particolarmente comune, ovvero quella che vede **le sopracciglia corrugate e le labbra contratte**.

Questa espressione è un chiaro segnale di stress.

È un segnale molto plateale e per questo motivo è molto più probabile che ad emetterlo siano bambini, i quali non prestano alcuna attenzione a queste finezze di comunicazione, rispetto che a soggetti adulti.

Infatti, questi ultimi tendono a non assumere espressioni così plateali e facilmente interpretabili e nel caso lo facessero molto probabilmente non sarebbe perché sono scatenate da un qualcosa di inconscio, ma dalla chiara volontà di comunicare quella determinata sensazione.

Arriviamo alla fine di questa carrellata con quell'espressione caratterizzata dai **lineamenti verso il basso**.

In questo caso le estremità della bocca, del taglio degli occhi e le sopracciglia, sembrano proprio tendere verso il basso, come se fossero fatte di burro e fuori ci fossero quaranta gradi.

Questa è la tipica espressione di chi vuole mandare un segnale di tristezza.

Chi l'assume, infatti, ha quasi sicuramente ricevuto una brutta notizia inaspettata e si trova al momento in una situazione di grande fragilità emotiva.

Questi sono solo alcune delle tante espressioni facciali comunemente conosciute, ma gli esempi che si potrebbero fare sono molti altri.

Ho scelto proprio di analizzare queste particolari espressioni in quanto il loro valore è praticamente universale, di conseguenza le nozioni che hai appreso in questo paragrafo sono facilmente applicabili nella vita di tutti i giorni.

7.2 Il sorriso

Arriviamo ora finalmente a parlare del sorriso.

Abbiamo visto nel paragrafo precedente come in realtà dietro ad un sorriso si nasconda molto di più di ciò che una persona senza conoscenze riguardanti la comunicazione non verbale potrebbe immaginare.

Infatti, ti ho già accennato di come il sorriso sia almeno in parte un qualcosa che si impara e non per forza un'espressione naturale scatenata da un sentimento inconscio.

Proprio per tutti questi motivi il sorriso diventa un elemento estremamente interessante da prendere in analisi, in quanto non è solamente una normalissima espressione facciale, ma bensì un comportamento capace come probabilmente nessun altro di sottolineare certe sensazioni e di nasconderne altre.

Come per gli altri casi analizzati e forse più, anche di sorriso ne esistono moltissimi tipi e analizzarli tutti richiederebbe almeno un paio di tomi di spazio e non solamente un paragrafo di un libro.

Per questo motivo, ho scelto ancora una volta di selezionare tre tipi di sorriso ben precisi, ovvero quelli che a mio avviso sono i più comuni nella vita di tutti i giorni.

Continua nella lettura: sono sicuro che troverai certamente qualche comportamento a te familiare.

Iniziamo questo nostro viaggio nel mondo ambiguo dei sorrisi con il classico **sorriso forzato**.

Abbiamo detto in precedenza come il sorriso sia molte volte una convenzione sociale e non un'espressione con la chiara finalità di esprimere un'emozione sincera.

Se è vero che tutti noi impariamo a sorridere allora è automaticamente altrettanto vero che si può imparare a fingere di sorridere.

Ed ecco i sorridi forzati, chiamati comunemente anche "sorrisi finti".

Molto spesso non è semplice distinguere questo tipo di sorrisi da quelli genuini e veri.

Il consiglio che voglio darti per cercare di distinguere questi due tipi di sorrisi così simili alla vista ma con un significato così differente è quello di guardare tutto il volto, senza soffermare quindi la tua attenzione alle sole labbra.

Se anche gli occhi, gli zigomi, le sopracciglia e tutti gli altri elementi del viso "accompagnano" il sorriso, allora molto probabilmente si tratta di un sorriso genuino.

Se, al contrario, gli occhi appaiono vuoti e non cambia la posizione di zigomi e sopracciglia, allora molto probabilmente ti trovi di fronte ad una persona che sta mostrando un sorriso finto.

Ovviamente lo scopo di un sorriso finto è quello di ingannare il proprio interlocutore, facendogli capire di essere più bendisposto verso un determinato argomento di quanto non lo si sia nella realtà.

Se riconosci i segnali di un sorriso finto, presta quindi più attenzione alla conversazione: molto probabilmente il tuo interlocutore sta mentendo.

Passiamo poi al **sorriso a labbra strette**.

Anche questo tipo di sorriso non è genuino al cento percento, tuttavia è decisamente diverso rispetto al caso che abbiamo analizzato in precedenza.

Un sorriso a labbra strette, infatti, difficilmente è interpretabile con una menzogna vera e propria come quanto accade nella maggior parte dei casi quando si parla di sorriso forzato, ma non è comunque un comportamento naturale.

Infatti, un sorriso a labbra strette è facilmente interpretabile nella quasi totalità di casi come un gesto di cortesia.

Probabilmente chi assume un'espressione mostrando un sorriso di cortesia lo fa perché si trova in una situazione in cui si sente obbligato a sorridere, quando in realtà non vorrebbe farlo veramente.

È molto comune notare sorrisi di cortesia a labbra strette quando due conoscenti, senza molta confidenza, si salutano freddamente incontrandosi per strada, in risposta ad una battuta che in realtà non faceva ridere o in molti altri casi in cui a volte si vuole addirittura nascondere il proprio imbarazzo.

È difficile che vi sia dietro ad un sorriso a labbra strette un significato "malvagio", in cui il proprio interlocutore vuole cercare di mandare segnali ingannevoli, ma è molto più probabile che sia un gesto dettato dall'educazione.

Arriviamo infine al **sorriso aperto**.

Questo tipo di sorriso è quello che più probabilmente è genuino.

Stiamo parlando del classico sorriso che mostra i denti, chiaro segnale di divertimento e interesse.

Tuttavia, non bisogna dare per scontato che il sorriso aperto sia sempre e comunque un segnale di genuine sensazioni positive.

Può capitare infatti che il proprio interlocutore conosca quanto hai letto in questo capitolo e provi a sfruttare a suo vantaggio queste nozioni.

In questi casi, come al solito, il consiglio è quello di analizzare con cura il contesto e il comportamento complessivo di chi ti sta di fronte.

Gli occhi potrebbero dare altri segnali, così come potrebbero fare altrettanto altri fattori importanti nella comunicazione non verbale, quali ad esempio la postura o la distanza prossemica.

Proprio per questo motivo il nostro studio dei segnali universali del linguaggio non verbale non può fermarsi qua.

Nei prossimi capitoli cercheremo allora di vedere l'analisi di alcuni aspetti ancora più delicati, in modo da darti un'infarinatura il più completa possibile dei metodi e delle strategie più utilizzate per analizzare le persone.

8. La postura

8.1 L'apertura del corpo

Arriviamo quindi a parlare della postura.

Analizzare la postura del proprio interlocutore potrebbe non essere un compito così semplice come si potrebbe immaginare se non si ha esperienza in questo campo.

Infatti, è proprio durante l'analisi della postura di chi ci sta di fronte che è più probabile incappare in uno di quegli errori che abbiamo visto ad inizio del libro.

Anche per questo motivo è praticamente impossibile trattare la postura del corpo come abbiamo fatto per gli occhi o per le espressioni facciali, ovvero andando alla ricerca di alcuni segnali universali in grado di aiutarci per lo meno in un primo livello di analisi.

Tuttavia, l'analisi della postura è molto utile per iniziare a capire se il proprio interlocutore sia chiuso o aperto verso un certo argomento, una certa convinzione o un determinato ragionamento.

Possiamo quindi affermare che anche se l'analisi della postura difficilmente può darci informazioni dettagliate e sicure al cento percento, è comunque in grado di farci capire, per lo meno a livello superficiale, se il nostro interlocutore è bendisposto verso un certo argomento o meno.

Iniziamo quindi analizzando proprio **l'apertura del corpo**.

Con l'espressione "apertura del corpo" voglio intendere l'atteggiamento di una persona nei confronti di chi le sta attorno, se, ad esempio assume una posizione che invita gli interlocutori a proseguire nel discorso mostrandosi così interessata o se, viceversa, si chiude dando l'impressione di disinteresse o astio nei confronti di un particolare discorso o atteggiamento.

Visto che abbiamo già citato questa posizione in precedenza, iniziamo prendendo nuovamente in analisi le braccia conserte.

Generalmente le braccia conserte indicano una voglia di distaccarsi dal proprio interlocutore e una chiusura verso le sue parole.

Ma le braccia conserte sono solo uno dei tanti esempi che si possono fare di posture che indicano una chiusura.

Infatti, tutti quegli atteggiamenti che cercano di mettere un qualcosa tra i due interlocutori segnalano la chiusura di almeno uno di questi.

Possono essere le mani "a triangolo" appoggiate sul tavolo se si è seduti, oppure incrociate vicino alla zona del pube se si è in piedi o ancora a protezione di una o più parti del viso.

Questo segnale è ugualmente valido nel caso venga emesso addirittura tramite un oggetto posizionato tra le due persone, come ad esempio potrebbe essere una borsa, uno zaino o una giacca.

Come detto però in precedenza, ma è proprio il caso di ricordarlo anche in questa sede, questo genere di comportamenti è molto spesso causato da ben altre motivazioni.

Ad esempio, una persona potrebbe avere caldo, togliersi la giacca e, non sapendo dove appoggiarla, tenerla tra le mani davanti a sé e inducendo involontariamente in errore il proprio interlocutore che sta cercando di analizzare i comportamenti di chi gli sta di fronte.

Abbiamo anche già visto come le braccia conserte possano essere una risposta al freddo dell'ambiente, a dolori di stomaco, o ancora addirittura potrebbe essere sinonimo di concentrazione o di grande interesse, ovvero l'esatto opposto della chiusura verso un argomento!

L'apertura del corpo può essere quindi un ottimo modo per capire il gradimento del proprio interlocutore, ma cerca sempre ulteriori segnali in grado di smentire o confermare le tue teorie, soprattutto attraverso l'ambiente circostante.

Non esistono però solamente i segnali di chiusura, ma anche quelli di apertura.

I segnali di apertura della postura generalmente sono caratterizzati da un atteggiamento rilassato della persona, la quale non posiziona inoltre nessun elemento tra se stessa e il proprio interlocutore.

Ad esempio, tra i segnali di apertura possiamo trovare le braccia rilassate, aperte o tenute stese lungo il corpo, mani (e in particolar modo i palmi) e polsi in vista, le gambe rilassate e non accavallate o la mancanza di un oggetto superfluo interposto tra le due persone.

Nel caso dei segnali di apertura è più difficile incorrere in errori, tuttavia anche qua il consiglio è sempre quello di andare alla ricerca di ulteriori indizi in grado di smentire o confermare le proprie teorie.

8.2 La direzione del corpo

La direzione del corpo è uno degli elementi più importanti per capire l'interesse di una persona nei riguardi di qualcuno e di un discorso preciso, anche e soprattutto quando ci si trova in gruppo.

Essenzialmente, c'è una cosa da analizzare per capire se hai l'attenzione della persona a cui stai parlando e questa è proprio la direzione del suo corpo.

È molto interessante a questo proposito mettere in relazione la direzione del corpo con quella dello sguardo.

Molti studi hanno infatti dimostrato come sia solitamente la prima quella più sincera e che avere un contatto visivo con il proprio interlocutore non sempre si riveli una condizione sufficiente per avere anche la sua attenzione.

Ovviamente la condizione migliore corrisponde allo scenario in cui il tuo interlocutore rivolga verso di te sia il busto che lo sguardo.

Ma nella vita si sa, non si può sempre avere tutto.

Se quindi stai parlando con una persona e questa con gli occhi ti sta guardando, ma il suo corpo è rivolto da un'altra parte, vuol dire che desidera che la sua attenzione vada nella direzione verso cui punta il suo corpo.

Addirittura, molte volte la sua attenzione è già là e magari tu non te ne sei nemmeno accorto.

Ti sarà sicuramente capitato di essere con un gruppo di persone e mentre una di queste inizia a parlarti di un argomento poco interessante, senti altri componenti del gruppo iniziare un discorso che ti interessa decisamente di più.

Magari per educazione continuerai il discorso meno interessante, ma la tua mente sarà dall'altra parte e sarà proprio verso quella direzione che indicherà il tuo corpo.

Ovviamente il discorso è esattamente il contrario se il tuo interlocutore, pur non guardandoti in faccia, indica nella tua direzione con il busto.

In questi casi, chissà per quale ragione, il tuo interlocutore non può guardarti, ma per lo meno desidera concederti la giusta attenzione e molto probabilmente lo sta già facendo anche se magari superficialmente non si direbbe.

La direzione del corpo è un fattore da tenere in seria considerazione quando si sta cercando di analizzare la comunicazione non verbale delle persone.

Sono pochissime infatti le persone che prestano particolare attenzione a questo aspetto, riuscendo a gestirlo in modo volontario e di conseguenza a camuffare il proprio interesse o disinteresse.

Cerca comunque sempre ulteriori indizi in grado di confermare o smentire le tue tesi, ma sappi anche che in questo caso sarà difficile incorrere in un segnale che significhi qualcos'altro o in un atteggiamento emesso di proposito per mandarti fuori strada nella tua analisi.

9. Vicinanza, distanza e contatto

9.1 La distanza prossemica

Dopo aver parlato di tutti i segnali non verbali intrinsechi del corpo, è arrivato il momento, prima di terminare il libro, di aprire una piccola parentesi riguardante il rapporto fisico tra una persona e i suoi interlocutori.

Capire perché una persona si comporti in un certo modo all'interno dello spazio e in relazione fisica rispetto a ciò che gli sta intorno è molto utile per diversi fini.

Prima di tutto, ovviamente, saper riconoscere determinati tipi di segnali ti aiuterà senza alcuna ombra di dubbio in una prima fase di analisi del tuo interlocutore.

Secondo poi, cosa altrettanto se non più importante come abbiamo visto anche nei capitoli precedenti, i concetti che vedremo in questi capitoli sono utilissimi anche per mettere alla prova il tuo interlocutore e le tue convinzioni.

Ti ho infatti già più e più volte accennato dell'importanza di testare la veridicità delle tue tesi, ma nella pratica non ti ho mai spiegato realmente come fare, se non tramite qualche breve spunto nella prima parte del libro.

Prima di concludere questo penultimo capitolo, allora, ho pensato di riservare un paragrafo apposito per spiegarti come utilizzare i concetti che leggerai nelle prossime righe per cercare conferme e smentite delle tue tesi durante l'analisi di chi sta di fronte.

In questo paragrafo, come avrai capito leggendo il titolo, il focus sarà incentrato sulla distanza prossemica.

In gergo tecnico, la distanza prossemica è la distanza che si crea tra una persona e l'altra durante un dialogo.

Anche in questo caso, è praticamente impossibile analizzando solamente la distanza prossemica capire l'ampia gamma di emozioni e sensazioni che prova chi ti sta di fronte.

Tuttavia, questo è un fattore importantissimo nell'analisi delle persone, in quanto consente di capire velocemente e con molta facilità l'interesse o il disinteresse dei propri interlocutori.

Il ragionamento da fare in questo caso è abbastanza semplice.

È necessario come prima cosa impostare una sorta di distanza standard, ovvero una distanza che una persona sceglie di tenere durante un dialogo con il proprio interlocutore quando ha una reazione neutra nei confronti di un discorso, quando non mostra né particolare interesse o particolare disinteresse.

Per convenzione, alla luce di diversi studi sull'argomento, questa distanza viene solitamente fissata attorno ai 70cm.

Tuttavia, è decisamente consigliabile prima di procedere con l'analisi osservare quale sia la distanza prossemica media che il proprio interlocutore assume in posizione neutra.

Se hai prestato attenzione ai capitoli precedenti, puoi trovare facilmente un punto in comune tra quanto detto in queste righe e la lista dei consigli di Joe Navarro, l'ex Agente Speciale dell'FBI ora divulgatore e scrittore.

I segnali universali sono sicuramente molto importanti, ma anche quelli non universali, peculiari di ciascun individuo, sono altrettanto, se non ancor di più, importanti nell'analisi delle persone.

Questa distanza può variare anche di parecchio da persona a persona, ma per chiarezza espositiva nelle seguenti righe prenderemo per buona la distanza prossemica standard di 70cm.

Essenzialmente, nell'analisi della distanza prossemica le alternative sono tre.

La prima, come abbiamo già visto, corrisponde al caso in cui la distanza prossemica sia proprio di circa 70cm.
In questi casi indica un grado di interesse neutro verso quella determinata discussione e il suo argomento.

Se invece la distanza prossemica aumenta e supera magari anche abbondantemente i 70cm standard, allora molto probabilmente il tuo interlocutore non è molto interessato alle tue parole.

Al contrario, una distanza prossemica minore di 70cm è facilmente interpretabile come un segnale di interesse: in questi casi hai attirato l'attenzione di chi ti sta di fronte, continua quindi con la linea che stai seguendo.

Ovviamente, queste distanze possono essere lette anche come dei segnali per altri significati, ma sempre inerenti a questo campo.

Ad esempio, se la distanza tra te e il tuo interlocutore è minore di 70cm, molto probabilmente stai simpatico a chi ti sta di fronte, al contrario, nel caso fosse maggiore della misura standard, può essere probabile che tra di voi non scorra buon sangue.

Piccolo *post scriptum* prima di procedere.

Per fare correttamente le valutazioni che hai letto in questo capitolo, devi assicurarti che sia il tuo interlocutore ad aver scelto la distanza da mantenere.

La distanza prossemica rimane un fattore importante da tenere in considerazione anche se l'hai scelta tu, ma questo è un argomento che vedremo tra poco.

9.2 Il contatto fisico

Indissolubilmente legato al discorso della distanza prossemica è quello riguardante il contatto fisico.

Potremmo infatti vedere addirittura il contatto fisico come una sorta di distanza prossemica uguale a zero.

Con "contatto fisico" ovviamente non voglio intendere plateali gesti d'affetto come un abbraccio o convenevoli come una semplice stretta di mano quando incontri una persona per la prima volta.

In questo caso mi riferisco invece a tutti quei contatti, fortuiti o meno, che possono avvenire durante una normalissima conversazione.

Ad esempio, rientrano in questa categoria lo sfiorarsi inavvertitamente con le mani, il contatto anche fortuito quando si è seduti fianco a fianco, oppure addirittura dei contatti che nascono con una scusa banale e inventata, come ad esempio il toccare una nuova maglietta che il proprio interlocutore sta indossando per testarne il materiale.

Tenendo a mente che abbiamo detto che potremmo per certi versi vedere il contatto fisico come una sorta di distanza prossemica uguale a zero, il discorso è molto chiaro e facile da spiegare.

Se il tuo interlocutore cerca più o meno consciamente di instaurare un contatto fisico con te, allora vuol dire che nutre sentimenti positivi nei tuoi confronti.

Nessuna persona, infatti, creerebbe un contatto fisico, per quanto neutro, freddo o fortuito, con qualcuno che non apprezza.

Anche in questo caso, prima di passare oltre, vorrei fare un paio di appunti.

Il primo è molto interessante e fa di questo segnale un caso unico tra quelli che abbiamo analizzato.

Nei capitoli precedenti, infatti, abbiamo visto come molto spesso se un segnale viene emesso volontariamente è molto probabile che il soggetto stia cercando di trarre in inganno chi gli sta di fronte.

In questo caso invece è molto meno probabile, in quanto il contatto fisico è un fattore molto intimo e sono veramente poche le persone disposte a barattare la propria intimità per l'inganno.

Il secondo appunto vuole seguire un qualcosa che abbiamo detto anche a riguardo della distanza prossemica.

Il contatto fisico è un fattore molto personale e non è quindi detto che una persona riesca con la stessa facilità di un'altra ad instaurarlo o ad accettarlo.

Vi sono infatti soggetti propensi al contatto fisico, ma ce ne sono altrettanti che non lo apprezzano se non in situazioni di vera intimità.

Come si diceva anche a proposito della distanza prossemica seguendo i consigli di Joe Navarro, prima di analizzare il tuo interlocutore cerca di conoscerlo, al fine di capire i suoi atteggiamenti, le sue abitudini e i segnali non universali che caratterizzano la sua comunicazione non verbale.

9.3 La prova del nove

Dato che più volte hai letto nel corso del libro quanto sia importante cercare conferme e smentite alle proprie teorie, voglio ora, come ti ho già anticipato nella prima parte di questo capitolo, consigliarti una strategia che ti aiuterà a cercare conferme e a capire meglio chi ti sta di fronte.

Una sorta di prova del nove che ho scelto di inserire in questo capitolo proprio perché utilizza i concetti che abbiamo visto riguardanti la distanza prossemica e il contatto fisico.

Senza le nozioni che hai imparato nei paragrafi immediatamente precedenti ti sarebbe quindi stato impossibile comprendere a pieno quanto sto per spiegarti.

Ora, alla luce delle tue nuove conoscenze, comprendere quanto segue sarà per te un gioco da ragazzi.

Mettiamo caso che stai parlando con una persona e hai intravisto nei suoi comportamenti un segnale di interesse, la distanza tra di voi però è neutra e non vi è stato nessun contatto fisico in precedenza, nemmeno fortuito, o al massimo giusto una stretta di mano quando vi siete incontrati.

Ecco, a questo punto, per cercare una conferma di quel segnale di interesse, prova ad avvicinarti di poco.

Valuta quindi la reazione della persona che ti sta davanti.

Ha accettato la nuova distanza prossemica?

Ha fatto un passo indietro?

Nel caso avesse accettato questa nuova condizione, potresti provare a fare un nuovo passo, riducendo ulteriormente la distanza.

Nel caso i segnali siano sempre positivi, allora puoi molto delicatamente creare un contatto fisico all'apparenza fortuito, magari a seguito di un gesticolare un po' troppo accentuato con le mani.

Se la persona che stai testando non si scosta, puoi provare a spingerti ancora più in là, magari posizionando una tua mano sulla sua spalla per qualche secondo.

Ovviamente questo gesto deve essere ben contestualizzato, se no sembrerà per forza di cose troppo strano ed eccessivamente invasivo.

Se continui a ricevere segnali positivi anche in questo caso, con il tuo interlocutore che accetta la mano sulla spalla o che magari addirittura successivamente instaura anch'egli un lieve contatto fisico, vuol dire che sei a cavallo: hai conquistato tutta l'attenzione e l'approvazione della persona che ti sta di fronte.

Visto che tra i consigli di Joe Navarro vi era anche il non farsi notare nelle proprie strategie, ne approfitto per sottolineare nuovamente il fatto che questa sorta di prova del nove deve essere portata avanti con discrezione, lentamente e ogni gesto deve essere contestualizzato.

Cerca quindi di trovare un motivo o una giustificazione razionale ad ogni tuo movimento, in modo che questo appaia più accettabile agli occhi del tuo interlocutore.

Ora non ti resta che mettere in pratica ciò che hai imparato in questo capitolo e vedere nella pratica quanto l'analisi della distanza prossemica e del contatto fisico possa rivelarsi importante nella comunicazione non verbale.

10. Utilizzare nella pratica la comunicazione non verbale in maniera strategica

10.1 L'importanza di capire il tuo interlocutore

Giunti al capitolo conclusivo di questo libro, cerchiamo di tirare le somme di quanto detto finora, analizzando come tutti i concetti espressi all'interno del testo possano essere utilizzati nella vita di tutti i giorni.

Sicuramente il modo più comune per utilizzare le tecniche di analisi della comunicazione non verbale corrisponde all'analisi stessa del proprio interlocutore.

Questo è anche il motivo primario che spinge molte persone ad iniziare a studiare tutte le tecniche e le nozioni che hai imparato in questo libro.

Chiunque infatti, dall'Agente Speciale dell'FBI al panettiere sotto casa, cova il desiderio, più o meno espresso, di saper capire meglio chi gli sta di fronte.

Ma la questione non è così elementare.

Infatti, già la sola analisi dell'interlocutore può assumere declinazioni diversi ed essere utile a più scopi nella vita di tutti i giorni.

Il primo punto, quello più plateale, consiste nel cercare di comprendere se il proprio interlocutore stia mentendo.

Semplicemente, come hai avuto l'occasione di leggere nel corso dei vari capitoli del libro, ci sono vari segnali universali e non che fanno emergere immediatamente il fatto che il proprio interlocutore non sia sincero al cento percento con le sue parole.

In molte occasioni pratiche, questo è un punto importantissimo da tenere in considerazione durante l'analisi del linguaggio non verbale.

Infatti, saper riconoscere se chi ti sta parlando stia mentendo o meno ti darà un vantaggio strategico immenso durante tutta la conversazione.

Nel caso rilevassi più segnali di falso, i quali indicano innegabilmente una menzogna, riuscirai a prendere le redini della situazione, senza farti sopraffare dalle parole non sincere di chi ti sta di fronte.

Ovviamente, il consiglio che voglio nuovamente darti, anche se l'ho già fatto più e più volte durante tutto il corso del libro, è quello di cercare sempre ulteriori segnali sia per confermare che per smentire le tue ipotesi.

Posso garantirti che questo consiglio è particolarmente prezioso in questo contesto, in quanto il comportamento da assumere nel caso il tuo interlocutore ti stia mentendo è completamente diverso rispetto ad un normale comportamento che solitamente si assume durante una comune conversazione.

Di conseguenza, credere di essere davanti ad un bugiardo quando in realtà non è così avrà l'effetto esattamente contrario rispetto a quanto stai ricercando.

Infatti, invece di essere in una posizione di superiorità strategica nella conversazione, sarai in una posizione di debolezza, in quanto, nel migliore dei casi, il tuo comportamento sarà percepito come fuori luogo, ma nel peggiore dei casi il tuo interlocutore potrebbe accorgersi della tua diffidenza e innervosirsi, fatto che farebbe precipitare la conversazione in un baratro sicuramente indesiderato.

Insomma, prima di prendere le distanze dal tuo interlocutore, cerca di essere sicuro al cento percento delle tue ipotesi.

Oltre al discorso riguardante le menzogne, le tecniche di analisi della comunicazione non verbale sono estremamente utili anche al fine di comprendere le reali emozioni del proprio interlocutore e le sue idee riguardanti l'argomento della discussione che state avendo.

Anche questo è un punto fondamentale in un qualsiasi dialogo o conversazione.

Essere in grado di capire con velocità le sensazioni di chi ti sta di fronte ti permetterà di plasmare la tua comunicazione e le tue parole in funzione dei segnali che cogli analizzando le reazioni del tuo interlocutore durante un discorso.

Prova ad esempio a pensare ad una normale trattativa di vendita.

Mettiamo caso che tu sia un venditore e che abbia di fronte una persona realmente interessata ad acquistare un tuo servizio.

Hai due proposte da fare a questa persona.

Analizzando i segnali che emette tramite il linguaggio non verbale, grazie alle tecniche che hai imparato nella lettura di questo libro, riuscirai a capire quale delle due proposte sia percepita come maggiormente interessante da chi ti sta di fronte, il che ti darà di conseguenza l'opportunità di capire su quale offerta spingere maggiormente durante il processo di vendita.

Capire i segnali di falso indicanti una menzogna, comprendere quali comportamenti siano sinonimo di astio o quali indichino che il proprio interlocutore sia bendisposto nei confronti di un certo argomento, sono i motivi principali per cui le persone si avvicinano all'analisi della comunicazione non verbale.

Tuttavia, l'analisi del prossimo non è l'unico motivo per imparare le tecniche spiegate in questo libro.

10.2 Conoscere le tecniche di analisi del linguaggio non verbale per migliorare la propria comunicazione

C'è un altro grande motivo per cui tutto ciò che hai imparato in questo libro ti tornerà sicuramente utilissimo nella vita di tutti i giorni.

Una volta apprese tutte le tecniche per analizzare i propri interlocutori e una volta che hai imparato ad utilizzarle con agilità nella vita di tutti i giorni, potrai utilizzarle anche per migliorare la tua stessa comunicazione.

Nel caso ad esempio tu volessi comunicare il tuo astio nei confronti di un certo argomento, ma per qualche ragione non potessi esprimerlo a parole, magari anche per il semplice fatto che non vuoi essere scortese, potresti volontariamente emettere dei segnali per comunicare ciò che realmente provi.

Nel caso il tuo interlocutore conoscesse le tecniche di analisi della comunicazione non verbale, rileverà subito il tuo astio senza bisogno che questo venga espresso a parole, ma anche nel caso in cui chi ti sta di fronte non conosce queste tecniche di analisi ti assicuro che, magari più lentamente, riuscirà a capire comunque, in modo più o meno inconscio, ciò che stai cercando di comunicargli.

Prima di concludere definitivamente questo libro, vorrei fare un appunto sul limite del filosofico, sperando di non annoiarti eccessivamente.

Le tecniche di analisi della comunicazione non verbale possono tornare utili anche se usate su se stessi.

Abbiamo visto come nella maggior parte dei casi i segnali vengano emessi in modo completamente inconscio.

Le persone quindi molto spesso non sanno nemmeno di star emettendo dei segnali a livello non verbale e alcune volte non sanno nemmeno cosa stanno provando realmente, eppure lo stanno comunque comunicando!

Ecco che allora conoscere le tecniche di analisi della comunicazione non verbale può tornare utile non solo per analizzare il prossimo, ma anche per analizzare se stessi.

Ti assicuro che ti stupirai comprendendo quanti segnali emetti senza nemmeno accorgertene e, dopo un buon periodo in cui ci presterai attenzione, riuscirai a conoscerti meglio, raggiungendo una migliore consapevolezza dei tuoi lati più inconsci.

Infine, voglio ricordarti anche quanto abbiamo detto in precedenza sui metodi di selezione e sull'addestramento che devono affrontare coloro che voglio diventare Agenti Speciali dell'FBI.

Dopo un attentissimo processo di selezione per entrare in accademia, il periodo di addestramento è lungo e faticoso.

Un Agente Speciale dell'FBI ci mette anni per padroneggiare al meglio le tecniche di analisi della comunicazione non verbale e anche dopo il lungo addestramento sa che ci sarà sempre qualcosa di nuovo da imparare.

D'altronde ne va della sua vita e della sicurezza degli interi Stati Uniti d'America.

Molto probabilmente il tuo campo di applicazione delle tecniche che hai letto in precedenza è molto più ristretto, ma il consiglio è sempre lo stesso: studia e metti in pratica ciò che impari.

Solo così riuscirai a padroneggiare alla perfezione le tecniche per analizzare le persone.